AF343800

ASSOCIATION FRANÇAISE

POUR

L'AVANCEMENT DES SCIENCES

FUSIONNÉE AVEC

L'ASSOCIATION SCIENTIFIQUE DE FRANCE

(Fondée par Le Verrier en 1864)

Reconnues d'utilité publique

CONGRÈS DE LYON

(2-7 Août 1906)

12e SECTION (SCIENCES MÉDICALES)

Président M. le Professeur TEISSIER

L'IMMUNISATION CONTRE LA TUBERCULOSE

RAPPORT PRÉSENTÉ

Par M. le Dr RAPPIN

Professeur à l'École de médecine
Directeur à l'Institut Pasteur de Nantes

PARIS

AU SECRÉTARIAT DE L'ASSOCIATION

Hôtel des Sociétés savantes

28, RUE SERPENTE, 28

1906

ASSOCIATION FRANÇAISE

POUR

L'AVANCEMENT DES SCIENCES

FUSIONNÉE AVEC

L'ASSOCIATION SCIENTIFIQUE DE FRANCE

(Fondée par Le Verrier en 1864)

Reconnues d'utilité publique

CONGRÈS DE LYON

(2-7 Août 1906)

12ᵉ SECTION (SCIENCES MÉDICALES)

Président M. le Professeur TEISSIER

L'IMMUNISATION CONTRE LA TUBERCULOSE

RAPPORT PRÉSENTÉ

Par M. le Dʳ RAPPIN

Professeur à l'École de médecine
Directeur à l'Institut Pasteur de Nantes

PARIS

AU SECRÉTARIAT DE L'ASSOCIATION

Hôtel des Sociétés savantes

28, RUE SERPENTE, 28

1906

L'IMMUNISATION CONTRE LA TUBERCULOSE

I

Quarante ans se sont écoulés depuis que Villemin, par ses expériences et ses observations géniales, est venu démontrer l'inoculabilité et partant, la contagiosité du tubercule, et affirmer, en dépit de toutes les dénégations, la nature animée du contage de la tuberculose. Longtemps méconnu, ce précurseur ouvrait ainsi la voie aux investigations des chercheurs et préparait du même coup la découverte de ce contage.

Comment entamer une étude de l'importance de celle qui touche à l'immunisation de la tuberculose sans se retourner, au moins un instant, vers la grande figure de ce savant, disparu, hélas! sans avoir bénéficié de tout l'éclat de sa découverte! N'est-il pas permis de considérer comme un pieux devoir, de placer une revue de cette grave question, sous l'évocation du grand nom de celui qui, portant d'un seul coup l'étude de la tuberculose sur son véritable terrain, c'est-à-dire sur le terrain étiologique, indiquait aussitôt, d'un trait de génie, l'orientation vers laquelle devait désormais tendre toutes les recherches et assurait, en même temps ainsi, leur succès final?

Plus de quinze années cependant s'écoulèrent encore avant que la découverte du germe spécifique, dont l'existence était si nettement pressentie et affirmée par Villemin dans toutes ses œuvres, se trouvât définitivement acquise à la science, grâce à la merveilleuse habileté technique que Robert Koch sut mettre lui-même au service de ses admirables conceptions.

Comment, en même temps, ne pas reporter son souvenir vers cette période pour ainsi dire prodromique, pendant laquelle se livrèrent, d'une façon à la vérité souvent confuse, mais malgré tout fructueuse pour le progrès, les premières batailles grâce auxquelles devait définitivement s'établir la doctrine de l'étiologie des maladies infectieuses! Comment ne pas rappeler ici les noms de ces maîtres vénérés, encore vivants parmi nous, de cette pléiade de savants, les Hérard, les Chauveau, les Cornil, les Lépine, les Grancher, et aussi de tant d'autres, hélas ! disparus qui, s'inspirant de l'idée directrice de Villemin et sous l'écho des travaux de Davaine et de Pasteur, venaient, par leurs propres recherches, démontrer la réalité de la nouvelle découverte !

Mais, même l'observation de l'agent causal, du bacille spécifique de la tuberculose, son isolement en cultures pures, l'étude de ses propriétés histologiques pathogènes, ne pouvaient suffire encore à faire naître l'idée de l'immunisation antituberculeuse.

Les découvertes de Pasteur sur la vaccination par les virus atténués contre le choléra des poules, de Toussaint et de Pasteur sur la vaccination charbonneuse par ces mêmes méthodes, pour ainsi dire contemporaines de la découverte de Koch ne pouvaient non plus susciter dans les esprits, dès le début, l'idée d'applications semblables, au virus tuberculeux. Il devait nécessairement s'écouler un certain temps pour que s'opérât en quelque sorte le mûrissement de cette abondante et riche moisson de connaissances nouvelles.

D'ailleurs, malgré la précision avec laquelle il était possible au Savant allemand d'affirmer sa découverte, et d'en établir toutes les phases et les différents points qui se dégageaient de ses longs et patients travaux, la nouveauté même des méthodes qu'il instituait, la difficulté au moins relative de leurs premières applications, entre des mains encore peu nombreuses et incomplètement initiées à cette science toute nouvelle, opposaient un véritable obstacle à l'isolement et à l'observation du germe qu'il venait de découvrir et rendaient ainsi son étude plus aléatoire.

Aussitôt après la découverte de Koch, aussi bien pour en vérifier l'exactitude que pour étudier le germe dont il annonçait l'existence et la signification, on se mit dans tous les laboratoires à rechercher celui-ci et à l'étudier dans ses diverses modalités biologiques.

Cette étude fut longue [1] et même aujonrd'hui, malgré les innombrables travaux accumulés de ce côté, on ne peut dire qu'elle soit vraiment terminée. A plus forte raison on ne pouvait, dès ce moment, concevoir l'espoir de conférer, par les moyens nouvellement introduits dans la science, l'immunisation contre un germe incomplètement connu et dont la physiologie demeurait encore incertaine. Ce ne fut qu'un peu plus tard que cette idée commença à se faire jour et que se traduisirent les premières tentatives dirigées dans ce sens.

Dans cette étude, nous ne pouvons certainement faire un historique complet de toutes les recherches qui se sont accomplies du côté de l'immunisation antituberculeuse et surtout les étudier d'une façon détaillée, depuis cette époque déjà lointaine jusqu'à nos jours ; nous nous bornerons simplement à énumérer les travaux principaux parus sur cette grande question et qui méritent d'être signalés.

---

[1] Si nos souvenirs sont exacts, il se produisit même à ce moment, dans plusieurs laboratoires, une confusion regrettable et un peu inexpliquée, dans l'étude du bacille de Koch. Pendant un assez long temps, quelques-uns de ces laboratoires auraient étudié à leur insu un germe tuberculeux d'origine aviaire, et ce ne fut qu'un peu plus tard que Koch, surpris de certaines divergences d'opinions émises, y aurait mis fin en montrant que les cultures étudiées n'étaient pas d'origine humaine.

II

Si l'on s'en rapporte à l'excellente thèse de Weigert, publiée à Lyon en 1902, le premier essai d'immunisation antituberculeuse appartient à Cavagnis qui, en 1886, chercha à immuniser des animaux par l'injection de doses de plus en plus fortes de crachats tuberculeux, atténués au préalable par l'action de solutions phéniquées, et qui semble avoir obtenu ainsi quelques résultats favorables.

Puis quelques auteurs, parmi lesquels de Thoma, Maffucci, Arloing et Dumarest, Rodet, cherchent, par l'emploi de certaines espèces microbiennes, à créer dans l'organisme une sorte d'antagonisme contre le bacille de Koch ; mais ces tentatives demeurent infructueuses.

En 1889, Grancher et Ledoux Lebard étudient d'abord l'influence exercée par l'injection au lapin de doses variables de cultures de bacille aviaire et démontrent ainsi que suivant la dose injectée, on détermine des formes très diverses de tuberculose, depuis la forme septicémique, jusqu'aux tuberculoses locales.

Ils cherchent ensuite à s'assurer si par l'injection au lapin de doses très faibles, puis graduellement croissantes de tuberculose, on parviendrait à conférer à l'animal une certaine immunité contre les doses mortelles ; mais les lapins ainsi traités succombent en même temps que les témoins.

Enfin, dans un travail poursuivi en 1890 avec Hip. Martin, Grancher cherche à appliquer à la tuberculose le principe de la vaccination par les virus atténués. Il inocule par voie intra-veineuse à des lapins des cultures aviaires affaiblies à des degrés variables par le vieillissement, en passant successivement à des cultures de plus en plus virulentes jusqu'à l'inoculation d'épreuve. Les auteurs observent dans ces expériences une survie très prolongée des lapins ainsi traités sur les témoins. Ils reconnaissent « qu'ils ne sont pas parvenus à conférer aux lapins une immunité complète; mais leurs expériences n'en démontraient pas moins la possibilité d'une vaccination antituberculeuse imparfaite, sans doute, mais réelle [1] ».

En 1889, un des premiers, Daremberg, fait des recherches sur l'influence exercée par le poison tuberculeux sur la réceptivité des animaux. Il emploie dans ce but des cultures de tuberculoses en bouillon glycériné, stérilisées à l'autoclave à 115 degrés ou par tyndallisation, et il note que les lapins traités préalablement par l'inoculation de ces cultures présentent parfois après l'injection de cultures vivantes une survie très notable comparativement aux lapins témoins.

A peu près dans le même temps (15 novembre 1890), Richet et Héricourt tentent de vacciner des lapins en leur inoculant des bacilles de Koch tués par la chaleur à 80 degrés, et ils concluent de leurs expériences que « le liquide chimique des cultures tuberculeuses sans microbes vivants peut vacciner contre la tuberculose ».

Dans un travail présenté également en novembre 1890 à Lyon, MM. Courmont et Dor observent des effets favorables contre l'infection tuberculeuse expérimentale, chez des lapins traités préalablement par

---

[1] Strauss, *la Tuberculose et son Bacille*, 1895, p. 706.

l'injection des produits solubles contenus dans les cultures en bouillon filtrées de bacille aviaire.

Enfin, nous devons placer ici la première tentative qui fut faite pour conférer, par un sérum, l'immunité contre la tuberculose Cette expérience appartient à MM. Richet et Héricourt, qui, partant d'un travail poursuivi antérieurement par eux en 1888, et basé sur la transfusion du sang d'un animal réfractaire pour obtenir la vaccination contre une autre espèce microbienne, cherchent à appliquer ce principe à la vaccination antituberculeuse.

Bien que les résultats obtenus dans ces premiers essais, aient été peu notables, cette expérience n'en présente pas moins un haut intérêt, puisqu'elle inaugurait une méthode nouvelle, la sérothérapie, qui devait se montrer si féconde et qu'elle en constituait la première application à la tuberculose.

C'est dans le même temps (décembre 1891) que ces mêmes auteurs, poursuivant leurs expériences, parvinrent à démontrer la possibilité de réaliser la vaccination antituberculeuse. Leurs expériences portaient sur le chien qu'ils vaccinent contre la tuberculose aviaire et aussi contre la tuberculose humaine par l'injection préalable de cultures d'une autre variété de virus tuberculeux.

Nous rappelons également ici les expériences d'hématothérapie de MM. Bertin et Picq qui, se basant sur l'immunité au moins relative que possèdent les caprins contre l'infection tuberculeuse, appliquaient au traitement de la tuberculose la transfusion du sang de chèvre (1891).

Ici se place la découverte de Koch de la tuberculine, et la communication qu'il en fit le 4 août 1890, à la séance générale du Congrès international de Berlin. Est-il utile de rappeler ici le retentissement qu'eut alors cette communication, les espoirs qu'elle fit naître et aussi les déceptions qui la suivirent ? Quelque jugement que l'on puisse porter sur les circonstances qui environnèrent cette découverte, et qui peut-être la firent dévier entre les mains de son auteur, comment ne pas reconnaître. même en envisageant seulement le but direct poursuivi par Koch, c'est-à-dire la guérison de la tuberculose, que cette découverte eût une importance considérable !

Tout en se souvenant que plusieurs expérimentateurs, ainsi que nous venons de le noter, avaient déjà tenté d'utiliser les produits solubles sécrétés par le bacille de Koch, on peut dire que la découverte de la tuberculine, en orientant la science vers l'étude de la toxinothérapie de la tuberculose, fut comme le point de départ d'une série ininterrompue de recherches dans la voie qui conduira peut-être au résultat cherché.

Pour l'apprécier, nous n'irons pas jusqu'à dire avec Behring que « c'est seulement par leur étroitesse de vue que des gens, en dehors de la science expérimentale, méconnaissent que cette découverte égale celle du bacille de la tuberculose », mais nous nous associons pleinement à l'opinion que ce savant émettait quelque temps après, lorsqu'il ajoutait qu'avec la tuberculine « Koch a inauguré une ère nouvelle dans la question de la tuberculose, et quand on aura plus tard découvert un remède efficace contre cette maladie, on reconnaîtra alors ce que nous devons à cet homme auquel, à l'heure actuelle, on reproche presque d'avoir révélé ce composé ». Nous verrons du reste, dans la suite de cette étude, comment le Disciple a su s'inspirer, surtout dans ses derniers travaux, de la découverte du Maître.

Il faudrait un livre, et un livre très étendu, pour résumer seulement toutes les recherches qui ont été poursuivies dans le monde entier pour étudier cette substance nouvelle et contrôler sa valeur thérapeutique que Koch avait affirmée si nettement.

De tous côtés, on expérimenta la tuberculine, parfois avec des fortunes diverses, et quelques expérimentateurs même, crurent pouvoir conclure à son efficacité au moins relative ; mais on reconnut bientôt que, loin de présenter des propriétés spécifiques toujours utiles, ce composé pouvait au contraire, même entre des mains prudentes et expérimentées, occasionner parfois des troubles et des désordres graves.

Nous ne pensons pas trop nous avancer, en disant qu'à l'heure actuelle une sorte de consensus général s'est établi de ce côté, et que l'on reconnaît que, même employée à des doses infinitésimales, la première tuberculine de Koch demeure d'un effet non seulement aléatoire, mais en quelque sorte à double tranchant. Aussi son emploi dans le traitement de la tuberculose est-il, à peu près désormais abandonné, et n'est-elle plus utilisée que comme moyen de diagnostic et presque uniquement sur le terrain vétérinaire.

Il faut reconnaître d'ailleurs que son auteur lui-même a, pour ainsi dire, passé condamnation sur ce point, puisque dès l'année suivante il chercha à modifier la composition de cette substance en la purifiant.

Tout en regardant, en effet, comme une idée très heureuse d'avoir tenté, même ainsi, d'extraire les produits solubles sécrétés par le bacille, il nous est permis de regarder le mode suivant lequel la première tuberculine de Koch était obtenue comme très sommaire, maintenant que nous connaissons mieux la complexité du bacille tuberculeux et de ses toxines.

Aussi Koch ne s'en tint-il pas à ses premiers essais et, en 1897, il présenta un nouvel extrait sous le nom de tuberculine T. R., dans la préparation de laquelle il s'efforçait surtout d'obtenir des corps bacillaires.

Ce n'était plus seulement par l'ébullition et par une simple digestion des cultures que cette tuberculine était obtenue, mais par lavage des cultures desséchées et triturées, puis par séparation au moyen de centrifugations successives des principes toxiques des bacilles eux-mêmes.

Au point de vue de l'étude générale de l'immunisation, cette nouvelle tentative marque encore une étape importante, car plusieurs auteurs, et en particulier Behring, s'en sont inspirés dans leurs recherches.

Mais, au point de vue thérapeutique, les applications de cette nouvelle substance suscitèrent de la part des expérimentateurs des appréciations à peu près semblables à celles qui avaient été formulées sur la première. On peut même demeurer surpris qu'un composé qui, d'après les recherches exposées par Koch, s'est montré si actif, entre ses mains, pour amener la production de l'immunisation directe des animaux de laboratoire, n'ait pu présenter dans son application au traitement de la tuberculose une action plus spécifique et moins incertaine.

Quoi qu'il en soit, à partir de la première publication de Koch, on vit se multiplier les travaux ayant pour objet l'étude des toxines du bacille tuberculeux et leur extraction des cultures ou du corps du bacille lui-même, soit que ces tentatives fussent dirigées vers l'application directe de ces toxines à l'immunisation, soit que, au contraire, on cherchât à les utiliser pour composer un sérum spécifique.

C'est d'abord la tuberculocidine de Klebs, qui n'est à vrai dire qu'un dérivé de la première tuberculine de Koch et dont l'emploi n'a pas amené de résultats plus heureux. Puis la tuberculine de Weyl et Vesely. Nous devons citer plus spécialement les différentes tuberculines préparées par M. Maragliano, qu'il applique à la production d'un sérum préventif et curatif. Depuis l'année 1895, date de sa première communication au Congrès de médecine de Bordeaux, ce savant a produit de nombreux et importants travaux dans cette voie, et l'on peut dire qu'il a attaché son nom d'une façon toute particulière à l'étude de la sérothérapie de la tuberculose.

Dans la préparation des tuberculines qu'il a composées, M. Maragliano s'est efforcé, d'une façon générale, d'extraire des cultures tous les principes qui y sont contenus, de façon à réaliser chez l'animal une immunisation contre tous ces principes. Dans ses premiers travaux, il obtient d'abord un extrait par la concentration des cultures en bouillon, chauffées pendant plusieurs jours à la température de 100 degrés ; puis un second, qu'il retire du corps du bacille de Koch lui-même et qui renferme par conséquent des protéines bactériennes ; enfin, une tuberculine aqueuse qu'il obtient en filtrant la culture et en la maintenant, après mélange, à un volume déterminé d'eau distillée, à une température de 95 à 100 degrés pendant quarante-huit heures.

Par l'injection de ces différentes toxines à l'animal, il obtient un sérum renfermant des antitoxines spécifiques qui neutralisent chez les animaux et chez l'homme l'action des poisons tuberculeux ; de plus, ce sérum est bactéricide *in vitro*.

Pour M. Maragliano, ce n'est pas dans l'emploi direct de ces toxines qu'il faut chercher le résultat final, mais bien dans leur application à la production d'un sérum spécifique, c'est-à-dire dans la sérothérapie. Nous reparlerons du reste un peu plus loin des récents travaux que le savant italien a présentés au dernier Congrès international de la tuberculose.

En 1895 et 1896, Maffucci et di Vesta publient aussi leurs expériences de sérothérapie tentées au moyen de sérum de moutons traités par l'injection préalable de bacilles tuberculeux morts et aussi vivants, mais sans noter de résultats appréciables.

Nous rappelons de même ici, pour mémoire, le début de nos propres expériences (1895-1897) dans lesquelles nous nous efforcions d'obtenir un sérum spécifique par l'injection au chien de toxines extraites soit des cultures du bacille de Koch, soit du corps du bacille lui-même (cultures en bouillons filtrés, tuberculine, extraits alcoolique et éthéré).

Sans vouloir nous permettre de nous étendre ici sur des recherches personnelles, qui ont du reste été présentées en leur temps à des Sociétés scientifiques locales, nous pouvons seulement dire que les insuccès relatifs que présenta l'application du sérum du chien ou du cheval ainsi préparés et ayant reçu même des quantités très élevées de ces diverses toxines nous engagèrent à nous orienter dans une autre voie.

A la même époque se placent également les essais de sérothérapie poursuivis par MM. Redon et Chénot au moyen du sérum d'ânes traités par l'inoculation de bacilles tuberculeux.

Citons encore les recherches de Schweinitz et Dorset qui, en 1894, s'efforcent d'obtenir l'immunisation chez le cobaye, par l'injection de bacilles atténués, et notent ainsi une survie parfois très étendue des animaux traités comparativement aux témoins.

En novembre 1896 le Dr Hirschfelder, de San Francisco, publie les résultats de recherches faites sur une nouvelle tuberculine, qui peut être considérée comme un dérivé de la tuberculine de Koch, puisque dans la formule proposée par l'auteur, celle-ci était simplement modifiée par l'action de substances oxydantes.

Puis la tuberculine de MM. Ramond et Ravet extraite du bacille de la tuberculose des poissons et dont l'intérêt réside dans la parenté qu'elle démontre entre ce bacille et celui de la tuberculose humaine, puisque la réaction qu'elle détermine se rapproche de celle de la tuberculine d'origine humaine.

Enfin la tuberculine dont la composition a été donnée par Behring au Congrès d'hygiène de Madrid en 1897, et qui montre qu'à cette époque les recherches de ce savant étaient dirigées vers l'obtention d'une toxine tuberculeuse assez puissante, pour déterminer dans l'organisme la formation d'une antitoxine spécifique.

Nous n'insisterons pas ici sur le mode de préparation de cette tuberculine (T Dr), mais nous rappelons que son activité était considérable, puisque d'après son auteur « 1 gramme de ce composé suffit à tuer 12.500 grammes de cobaye sain, c'est-à-dire une quinzaine de cobayes ».

Rappelons en outre que, dans cette communication, Behring notait le fait important de la guérison d'une vache atteinte de tuberculose par un traitement prolongé avec la toxine tuberculeuse. « Il faut particulièrement noter. dit-il, que cette toxine n'avait pas été préparée par des procédés chimiques violents, mais simplement par la dessiccation et le broyage des bacilles qui, à l'état d'émulsion, avaient été inoculés dans le péritoine de cette vache. »

On voit que cette expérience présente de grands rapprochements avec celles que le savant allemand a mises au point depuis pour l'obtention de son bovo-vaccin.

Nous mentionnerons également, les recherches de MM. Arloing et Guinard qui, par des modes de préparations différents, retirent des cultures du bacille de Koch, trois espèces de tuberculines, TA, TC et TD dont ils étudient les propriétés toxiques : mais il ne paraît pas qu'ils aient poursuivi leurs travaux dans le sens de l'immunisation.

Enfin, nous citerons les expériences de Denys de Louvain qui, depuis 1898, a continué à utiliser pour le traitement de la tuberculose expérimentale et aussi dans le domaine clinique, les produits solubles contenus dans les cultures en bouillon du bacille de Koch. Les cultures simplement filtrées sur bougie de porcelaine, sont injectées sous la peau. d'abord, à doses très faibles et ensuite croissantes. Dès le début, Denys note les effets heureux de cette médication et, il est à remarquer, qu'ayant continué depuis ses expériences dans le même ordre d'idées, il affirme de nouveau, récemment, les bons résultats de ce mode de traitement.

Nous devons mentionner ici, simplement une nouvelle tentative faite,

R

en 1901, par Koch dans une voie autre que celle qu'il avait suivie jusque-là pour réaliser l'immunisation antituberculeuse. Considérant le phénomène de l'agglutination comme une manifestation d'une réaction de défense de l'organisme, il cherche à développer cette réaction agglutinante dans le sang des traités comme moyen d'immunisation. Nous n'entrerons pas ici dans le détail de sa méthode qui, du reste, paraît avoir été abandonnée complètement par son auteur.

En janvier 1903, Moeller, qui s'est fait un nom tout à fait à part, par la découverte et l'étude d'espèces acido-résistantes, voisines du bacille spécifique, tenta d'opérer la vaccination contre ce germe par l'inoculation préalable de quelques espèces pseudo-tuberculeuses, entre autres, par le « Thimothée-bacillus ». Il dit avoir obtenu par ce moyen, une résistance assez sérieuse des animaux contre l'inoculation d'épreuve. Mais, c'est surtout par l'emploi d'un bacille tuberculeux retiré de l'orvet, et ayant subi, d'après l'auteur, une atténuation très grande, qu'il est parvenu par des injections répétées de ce bacille ainsi atténué, au cobaye, et au lapin à immuniser ceux-ci, d'une façon certaine, contre l'injection virulente de tuberculose humaine. Se fondant même sur la sûreté de ses observations et de ses expériences, Moeller n'hésite pas à les répéter sur lui-même. Après s'être injecté préalablement, à plusieurs reprises, le bacille de l'orvet, il pratiqua sur lui une injection intra-veineuse de tuberculose humaine virulente, à la suite de laquelle, il présenta de l'amaigrissement pendant une période de deux mois, mais il se remit bientôt.

C'est à cette époque (16 mars 1903) que Behring fit sa première publication sur la vaccination des bovidés et qu'il commença à instituer cette méthode comme moyen préventif contre la tuberculose bovine.

On sait quel est le principe sur lequel repose cette méthode; Behring emploie pour conférer aux bovidés l'immunisation contre la tuberculose qui leur est propre, le virus humain, auquel ces animaux sont moins sensibles.

Il pratique dans la veine des veaux au-dessous de cinq mois, une injection de culture humaine, desséchée et diluée à la dose de 4 milligrammes, en poids sec et, un mois après, il inocule, de la même manière un centigramme de la même culture fraîche également broyée avec soin et diluée. Les animaux résistent à cette inoculation et sont ainsi préservés contre la tuberculose bovine.

Il importe, selon nous, de rappeler que nous retrouvons ici, dans ces expériences de Behring, identiquement, le même principe utilisé autrefois par MM. Héricourt et Richet dans leurs expériences sur la vaccination du chien ainsi que nous l'avons indiqué plus haut.

La méthode de Behring, sur la vaccination des bovidés, qui depuis a reçu, au moins en Allemagne ses premières applications, marque une étape des plus importantes dans la poursuite du problème de l'immunisation contre la tuberculose. Nous n'en discuterons pas ici, d'une façon approfondie, la valeur et la portée, réservant cet examen pour le moment où nous établirons la discussion générale des différentes méthodes de vaccination antituberculeuse. Disons seulement que cette méthode a été préconisée par son auteur depuis cette première publication, et que, malgré les réserves que l'on peut encore formuler, selon nous, au point de vue pratique, par suite de l'introduction de virus humain chez les animaux destinés à l'alimentation, Behring s'est montré assez certain de la sûreté de sa méthode et de son innocuité, pour en préconiser aussitôt l'application. En Allemagne, cette méthode est même pratiquée, et l'usage du « bovo-vaccin » tendrait à recevoir un commencement de généralisation.

Dans la même année 1903, au Congrès de Madrid, M. Maragliano reprend l'exposé de ses expériences sur la sérothérapie antituberculeuse ; il confirme les résultats déjà annoncés par lui, et note les effets favorables produits par l'absorption du sérum antituberculeux, par les voies digestives.

En 1903 également, M. Marmorek publie ses premières expériences sur un nouveau sérum antituberculeux. Dans ses communications à l'Académie de médecine, il édifie une nouvelle théorie sur l'action de la tuberculine. Pour lui, le produit actif ne réside pas dans cette substance même : celle-ci n'est qu'un réactif, dont l'injection détermine chez les bacilles contenus dans l'organisme, la sécrétion d'une toxine toute différente de la tuberculine; c'est ce qu'il appelle la tuberculine-réaction. Il obtient ainsi la toxine véritable qui lui sert à préparer son sérum.

Le bacille qu'il emploie est cultivé dans un bouillon dit « leucocytaire », obtenu par des injections répétées de bouillon stérile dans la cavité péritonéale du cobaye, d'où il est extrait après s'être chargé d'un assez grand nombre de leucocytes.

L'injection du sérum préparé par M. Marmorek, appliquée à la clinique, produit d'après l'auteur, des résultats favorables qui ont été exposés dans plusieurs communications ultérieures. Dans les essais tentés de ce côté, par un certain nombre de cliniciens, nous devons noter que les effets observés ont été au moins contradictoires.

Nous arrivons maintenant à la série des travaux présentés au récent Congrès de la Tuberculose, en octobre 1905.

Plusieurs communications, sur ce sujet, avaient naturellement été réservées pour cette grande démonstration scientifique, et ont été présentées par leurs auteurs.

G. Takabian, de Vienne, relate les expériences qu'il a faites au moyen du sérum de lapin immunisé par l'injection intra-veineuse de cultures entières de tuberculose humaine.

Ce sérum, dit l'auteur, est antihémoptoïque dans les phtisies au début; il en ralentit la marche et contribue puissamment à la guérison de tuberculoses locales.

Dans le même domaine de la sérothérapie, M. Maragliano expose également ses recherches et rappelle qu'il a découvert une antitoxine tuberculeuse, au moyen de laquelle on peut neutraliser chez les animaux les poisons tuberculeux. Cette substance antitoxique, injectée en même temps que les cultures, empêche le développement de la maladie à la condition que la dose ne soit pas trop forte. Il constate aussi les propriétés bactéricides de son sérum.

Nous devons noter aussi une importante communication de MM. Lannelongue, Achard et Gaillard sur les applications d'un sérum obtenu au moyen d'une tuberculine spéciale. Cette tuberculine préparée par l'emploi de bacilles provenant de cultures en bouillon, lavés et chauffés à 110 degrés à l'autoclave, pendant plusieurs semaines et pendant vingt minutes chaque fois, leur permet par injection, à l'âne et au cheval, de produire un sérum, qui présente une certaine action dans le traitement de la tuberculose expérimentale du cobaye. Les schémas qui résument en bloc leurs expériences, montrent, en effet, que ce sérum détermine une survie assez remarquable chez les cobayes auxquels il est injecté.

Dans ce même congrès, M. Marmorek expose de nouveau ses recherches sur les applications de son sérum.

Enfin, M. le professeur Arloing rappelle qu'il a fait également des expériences de sérothérapie antituberculeuse. Il a constaté un retard dans l'évolution de la tuberculose, mais jamais de guérison vraie. Chez l'homme tuberculeux, le sérum qu'il a expérimenté amène la cessation des sueurs nocturnes, par suppression des poisons qui agissent sur les glandes sudoripares.

Le Dr Beraneck, de Neuchâtel, dit avoir obtenu des résultats favorables dans plusieurs cas de tuberculose chirurgicale, par l'emploi d'une tuberculine peu toxique et bactéricide *in vitro*, obtenue par un mélange de toxines extra- et intra-cellulaires.

Nous mentionnerons aussi les tentatives opérées par M. Ferrān, par l'emploi de cultures homogènes du bacille de Koch.

La question de la vaccination des bovidés, suivant le procédé de Behring, a été également étudiée dans ce même Congrès et plusieurs expérimentateurs, MM. Arloing, Vallée, et Lignières, y ont exposé le résultat de leurs observations.

M. le professeur Arloing a réussi, comme Behring, à immuniser les veaux. Mais il fait des réserves au point de vue de l'innocuité de ce procédé.

M. Lignières modifie la méthode, en choisissant la voie sous-cutanée pour pratiquer l'inoculation du virus vaccin.

Enfin, M. Vallée, d'Alfort, expose les résultats des expériences qu'il a poursuivies à Melun, avec M. Rossignol, pour contrôler officiellement la valeur de la méthode de Behring. Les auteurs concluent, d'une façon générale, à la réalité de la vaccination ainsi obtenue.

Nous nous permettons de rappeler que, dans ce même Congrès, nous avons présenté nos observations sur la vaccination et la sérothérapie antituberculeuse, poursuivies pendant les années 1903-1904 et 1905, en collaboration avec deux de nos confrères, MM. les Drs Blaizot et Ligouzat.

La méthode que nous appliquons est basée sur l'emploi d'un virus tuberculeux, que nous cultivons depuis douze ans dans notre laboratoire, et qui est injecté, après dessiccation dans le vide, à doses d'abord infinitésimales, puis progressivement croissantes, dans la veine du chien. Nous sommes parvenu ainsi à conférer à cet animal une résistance des plus remarquables contre l'injection intra-veineuse de doses massives de bacilles tuberculeux, d'origine humaine en pleine virulence.

Les témoins meurent dans des délais rapides, tandis que les vaccinés demeurent encore vivants longtemps après l'injection d'épreuve.

Le sérum de ces animaux ne semble pas posséder de propriétés vraiment actives dans son application au traitement de la tuberculose du cobaye.

La conclusion de ce travail nous conduit à penser que cette vaccination est plutôt cellulaire que d'ordre humoral, et que le principe qui immunise les animaux, réside plutôt dans les cellules de leurs organes .

Cette conception de la vaccination antituberculeuse nous engage à tenter d'extraire de ces organes ainsi vaccinés le principe immunisant.

Enfin, pour clore l'étude rapide des différents travaux produits sur cette question, nous rappelons la communication de Behring à ce même Congrès. Sans analyser, d'une façon détaillée, les différents points de cette communication qui, du reste, n'ont été livrés que discrètement aux réflexions des chercheurs, on peut dire que la voie indiquée par le savant allemand, pour l'obtention d'une substance spécifique contre le processus tuberculeux, semble entièrement rationnelle. Nous la résumons ainsi :

Par une suite de préparations et de traitements divers, Behring dépouille le bacille de Koch, des substances qui le protègent et qui constituent en quelque sorte les parties défensives de sa cellule. Il obtient ainsi ce qu'il appelle le « Rest bacillus », c'est-à-dire la partie vraiment active et pour ainsi dire physiologique du bacille.

Ce bacille ainsi modifié possède encore ses propriétés tinctoriales, et il a encore également le pouvoir de produire dans l'organisme la granulation tuberculeuse de Laennec, sans pouvoir cependant se multiplier.

Le tubercule ainsi créé ne se caséifie pas, et ne se ramollit jamais. Au moyen d'un nouveau traitement, il pousse encore plus loin la modification de ce bacille, et il le rend, dit-il, directement résorbable par les cellules lymphatiques de l'organisme.

Disons en passant que nous retrouvons ici l'idée poursuivie autrefois par Koch pour obtenir cette résorption des bacilles de la tuberculose par les cellules de l'organisme, lorsqu'il préparait sa seconde tuberculine TR.

Sous l'influence, dit Behring, de la résorption par les cellules lymphatiques de la substance amorphe (TC) ainsi obtenue par cette dernière modification, ces cellules réagissent, la métamorphosent, et produisent ainsi, comme terme ultime, une dernière substance (TX) qui n'est autre que le vaccin de la tuberculose.

Perfectionnant sa méthode, Behring cherche à éviter à l'organisme le travail de la production directe de cette substance immunisante et réussit à reproduire, *in vitro*, la réaction biologique par laquelle les cellules lymphatiques transforment la substance TC en TX. Celle-ci peut être alors utilisée directement comme « remède » contre la tuberculose.

Nous rechercherons à la fin de cette étude, ainsi que nous l'avons tenté dans notre laboratoire depuis la communication de Behring et sur les indications un peu vagues qu'il fournit, les différents procédés par lesquels il paraît possible de parvenir au résultat annoncé par ce savant.

III

Maintenant que nous avons, le plus rapidement possible, passé en revue la série assez longue des efforts tentés jusqu'ici, pour obtenir l'immunisation contre le virus tuberculeux, il nous est facile de voir que ces efforts se divisent d'une façon générale, en deux classes : ceux qui ont été dirigés vers l'obtention d'un vaccin direct contre la tuberculose, en partant du principe établi par Pasteur, des vaccins atténués, et ceux qui se sont inspirés des méthodes nouvelles inaugurées en France par Richet et Héricourt et acquises d'une façon définitive à la science par les travaux de Behring et Kitasato et de Roux, c'est-à-dire de la sérothérapie : ou, pour adopter l'expression d'Erlich, ceux qui ont cherché à produire l'immunisation active et ceux qui se sont tournés vers l'immunisation passive.

Mais avant de tenter de juger la valeur et la portée de ces travaux, au point de vue du but final, et de chercher à déduire quelle est l'orientation qui semble devoir y conduire le plus sûrement, n'a-t-on pas le droit, pour bien poser ce grand problème de l'immunisation antituberculeuse, de se demander s'il est vraiment susceptible d'une solution, et si, en recherchant celle-ci, on ne commet pas, comme l'on dit, une pétition de principe.

Beaucoup d'excellents esprits, s'appuyant sur des observations cliniques, ne nient-ils pas, en effet, la possibilité d'obtenir un vaccin de la tuberculose puisque, disent-ils, « la tuberculose ne vaccine pas ».

Pour nous, nous ne craignons pas de dire, dès le début, que cette objection ne peut plus être posée, et qu'elle est maintenant définitivement écartée.

Tant que l'observation clinique, en effet, est venue seule appuyer les efforts des chercheurs et que ceux-ci n'ont pu trouver d'encouragements pour leurs travaux que dans les indications que venaient leur fournir l'observation du malade et de l'organisme tuberculeux, ils ont bien pu, à la vérité, marquer quelques flottements et concevoir des hésitations au moins en partie justifiées.

La foi dans la guérison irrévocable et, par conséquent, dans la vaccination de la tuberculose, si elle ne s'appuyait uniquement que sur des faits cliniques, pouvait bien, en effet, être ébranlée.

Et cependant, même ces doutes que pouvaient faire naître dans l'esprit les aléas fournis par l'observation clinique, n'ont pas réussi à arrêter les efforts des expérimentateurs. La simple énumération des travaux cités ci-dessus et produits même avant l'apparition de ceux que nous considérons comme décisifs, et qui doivent à nos yeux entraîner définitivement la conviction, suffirait à démontrer que cet espoir était loin d'être regardé comme une illusion, puisque tant de chercheurs, tant de savants si autorisés, consacraient précisément leurs efforts à la poursuite de ce but.

C'est, qu'en effet, lorsqu'on étudie bien les faits, même au seul point de vue clinique, et que, en particulier, dans une carrière médicale bien remplie, on a pu suivre attentivement et pendant une période de temps suffisante, les malades qui se présentent aux soins du médecin, il n'est pas possible, il n'est plus permis de conserver le scepticisme presque cruel d'autrefois au point de vue de la guérison de la tuberculose. Nous n'en sommes plus heureusement au temps que nous avons connu il y a trente ans, au début de nos études médicales et où un assez grand nombre de praticiens, malgré les ressources d'une thérapeutique qui commençait déjà à devenir plus rationnelle, s'obstinaient à considérer en particulier le pronostic de la tuberculose pulmonaire comme d'ordre fatal, et où, l'appellation de « poitrinaire » équivalait irrémédiablement à un arrêt de mort. Même dès cette époque, la réaction contre ces idées commençait à s'accuser et de nombreux cliniciens venaient démontrer que la tâche du médecin qui cherche à guérir le tuberculeux, est loin d'être toujours décevante.

Nous-même, nous avons été nourri dans ces idées réconfortantes par un

Maître dont nous nous plaisons à redire le nom : le professeur Trastour savait, dans ses cliniques de l'école de Nantes, enseigner, il y a trente ans, que la tuberculose peut être enrayée dans son évolution, et même guérie, par un ensemble de moyens thérapeutiques, auxquels il savait associer une direction judicieuse de l'hygiène du malade.

Depuis, l'École contemporaine n'a cessé d'évoluer dans le même sens et l'on ne peut s'empêcher de rappeler comment, sur ce terrain, l'Ecole française en particulier, avec les noms de Grancher et d'autres maîtres, a su mener le bon combat.

Si, en effet, l'on serre de près l'observation clinique et qu'on la double, comme appui, des faits que l'anatomie macroscopique et histologique vient nous livrer, on reconnaît bien vite, ainsi qu'on l'a fait remarquer bien des fois, que la guérison, même naturelle de la tuberculose, s'appuie sur des preuves certaines.

C'est d'abord, si l'on veut, ce que l'on est convenu d'appeler les « trouvailles d'autopsie », c'est-à-dire ces examens nécropsiques, qui révèlent au clinicien, à sa grande surprise, des lésions tuberculeuses parfois étendues, dûment et solidement guéries, caverne nettement limitée et circonscrite par une barrière scléreuse souvent ancienne, tubercules fibreux, productions crétacées ou calcaires, tous modes de réaction qui viennent témoigner de l'effort naturel de l'organisme vers la guérison, et l'arrêt du processus tuberculeux.

D'autre part, combien d'entre nous n'ont-ils pas vu de malades chez lesquels l'étendue des lésions autorisait parfois un pronostic des plus sombres, revenir à un état meilleur ? Et combien ces résultats déjà constatés autrefois, avant l'avènement d'une thérapeutique hygiénique vraiment rationnelle, ne sont-ils pas plus communément observés, maintenant que, par une éducation bien dirigée et une cure vraiment méthodique, le malade semble reprendre rapidement ses forces et tendre si vite vers la guérison ?

Tous ces faits nous montrent donc bien que cette guérison est possible et même qu'elle est durable.

Sans doute nous acceptons que qui dit guérison, ne dit pas nécessairement et par cela même vaccination ; et, en effet, un simple processus scléreux qui vient arrêter sur place l'envahissement initial d'un organe, ne peut pas être considéré d'une façon générale, comme une réaction immunisante dans le sens propre du mot. Mais là ne s'arrête pas la lutte que l'organisme entreprend contre le parasite, et ainsi que le fait judicieusement remarquer R. Koch : « Lorsqu'on étudie certains faits de tuberculose miliaire de l'homme, on observe à l'ordinaire, dans ces cas, un stade dans lequel les bacilles tuberculeux qui existaient d'abord en abondance, disparaissent à ce point, qu'il faut les chercher avec beaucoup de soins, pour arriver à en trouver quelques-uns. Cette constatation, dit-il, est faite pour surprendre, car nous verrons plus tard que les bacilles tuberculeux expérimentalement introduits dans l'organisme sont résorbés d'une manière extraordinairement lente. Il semble qu'en effet, dans les cas de ce genre, se développe un processus d'immunisation de nature purement bactérienne. »

Peut-être, à la vérité, est-il difficile de regarder entièrement ce phénomène comme devant être nécessairement le point de départ d'une immunisation dans le sens propre du mot, mais il s'agit là, tout au moins, d'un processus de défense naturelle, qui nous fournit une indication précieuse au point de vue expérimental. Nous examinerons, du reste, ce point ultérieurement et d'une façon plus détaillée.

Enfin, si l'on vient objecter que les tuberculeux guéris ou considérés comme tels, de par le retour complet de leurs fonctions et la disparition des désordres signalés à l'examen clinique, ne sont pas, par suite de cette atteinte, définitivement préservés d'une nouvelle infection, et qu'au contraire, on observe souvent chez eux des rechutes et des récidives, nous ferons remarquer que nombreux sont, cependant, ceux qui, après avoir recouvré la santé, l'ont conservée, et ont opposé même aux nouvelles sources d'infection auxquelles ils pouvaient être exposés, une résistance non moins grande que celle qu'auraient pu présenter des sujets vierges de toute atteinte ; et ceci, en dehors de toute considération sur les modalités si diverses, que peut présenter le processus tuberculeux dans son évolution.

S'il est, en effet, une maladie dans laquelle interviennent d'une façon plus active, les nombreux facteurs qui règlent la marche d'une infection, c'est bien certainement, la tuberculose, dont le parasitisme, dans la majeure partie des cas, obéit si facilement aux moindres variations dans les conditions du terrain ou du germe tuberculeux.

En sorte que, pour rester, selon nous, dans les limites d'une juste appréciation des faits, nous croyons pouvoir dire que, si rien, à la vérité, du côté clinique, ne peut encore permettre à l'observateur d'affirmer qu'un tuberculeux guéri, aura puisé nécessairement dans l'atteinte, qui l'a touché, un certain degré de résistance frisant l'immunisation, contre une nouvelle infection, rien, d'un autre côté, n'autorise à nier qu'il n'ait pu se produire, dans ce cas, une immunisation au moins relative.

Quant à nous, en présence surtout des résultats expérimentaux que personnellement nous avons pu réaliser, nous tendrions plus volontiers à penser que les sources de contamination, auxquelles se trouvent exposées constamment certains sujets, peuvent bien, dans quelques cas, produire chez eux comme une accoutumance, une sorte de mithridatisation, les rendant moins sensibles au germe tuberculeux.

Que si l'on se refuse même à admettre une telle opinion, nous trouverions encore un argument, dans ce fait, qu'on ne peut nier, qu'il existe des conditions naturelles dans lesquelles l'organisme semble demeurer, au moins en partie, réfractaire à l'infection tuberculeuse. Il nous paraît, en effet, difficile de se refuser à admettre la réalité d'une immunité naturelle, au moins relative, contre la tuberculose.

Même dans la série animale, où l'on peut dire qu'il n'est peut-être pas d'espèce qui échappe à ce germe, quelques-unes, au moins, présentent un degré de résistance remarquable, et qui se rapproche singulièrement des conditions dont l'ensemble constitue les caractères de l'immunité.

C'est surtout chez les équidés que s'observent cette qualité si particulière.

Le cheval, par exemple, qui présente parfois des cas de tuberculose, n'est atteint par cette infection que dans une proportion vraiment infime. Nocard et Leclainche, dans leur *Traité des maladies microbiennes des animaux* disent que la proportion des chevaux tuberculeux notée dans les abattoirs varie entre 1 pour 1000 et 1 pour 10.000 ; c'est, comme l'on voit, un pourcentage très faible.

D'après Gedoelst, l'âne est encore moins sensible : injecté par voie intra-vasculaire, il faut constater chez lui la tuberculose du vingt-cinquième au trentième jour, « car, dit l'auteur, cette tuberculose expérimentale *guérit spontanément* ».

Il existe donc chez certaines espèces animales une disposition naturelle qui leur permet d'échapper au moins en partie à l'infection tuberculeuse.

Mais cette disposition, ne la retrouvons-nous même pas chez certains individus de l'espèce humaine ?

Si considérable, en effet, que soit le nombre des personnes chez lesquelles le germe de la tuberculose peut, non seulement s'implanter, mais encore manifester sa présence, par des localisations perceptibles à nos moyens d'investigation, combien plus nombreux encore sont les sujets qui le portent en eux, et opposent à son développement une résistance naturelle assez grande, pour qu'il demeure, pour ainsi dire, indifférent à la surface de leurs organes ?

Et, c'est ici que l'on est amené à se reporter vers ces idées qui constituaient autrefois la base de la médecine : vers cette ancienne conception des diathèses, que quelques esprits ont tendance à abandonner et dont, au contraire, la valeur et la portée apparaissent chaque jour davantage, au fur et à mesure que nous pénétrons mieux dans l'étude de la pathogénie des maladies microbiennes et, en particulier, dans le déterminisme de l'infection tuberculeuse. N'est-ce pas là, pour le dire en passant, comme le propre de l'esprit humain d'avoir, par une sorte de faiblesse native, tendance à faire table rase de tout l'actif d'un long et laborieux passé, et de se livrer inconsidérément à une voie nouvelle, sans chercher à concilier les faits pourtant certains et bien observés, avec ceux qu'une nouvelle découverte vient faire apercevoir. Comment, au contraire, ne pas chercher à synthétiser tous ces faits, et à retenir de leur ensemble, en faisant appel à un judicieux éclectisme, ceux qui doivent montrer à l'esprit la direction vraiment féconde dans laquelle il doit s'engager ?

C'est en partant de cet ordre d'idées, que nous remarquons toute une classe d'individus qui, par leur constitution propre rentrent précisément dans l'une des diathèses les plus communément admises, et qui présentent à l'évolution tuberculeuse une résistance au moins relative. Nul ne peut nier qu'entre la diathèse arthritique et la diathèse tuberculeuse, ou pour schématiser davantage l'expression, entre la goutte et la tuberculose, il n'y ait une opposition remarquable.

Ce n'est pas assurément ici le lieu d'étudier de près le problème si intéressant de l'antagonisme de ces deux entités pathologiques, et de rechercher par quelle secrète composition, le terrain arthritique oppose au germe tuberculeux, une formule biochimique qui paralyse son développement. C'est là une étude éminemment complexe, qui relève à la fois de la chimie et de la biologie, et même, en faisant appel à tout ce que ces sciences ont de plus délicat et de plus nouvellement acquis. De telles études n'ont évidemment pas place ici, et cependant, il faut reconnaître qu'elles sont liées intimement à la compréhension de l'immunité naturelle et peut-être même de l'immunisation, puisque aussi bien, sans abandonner aucunement la théorie cellulaire, si nous connaissions exactement les conditions bio-chimiques qui peuvent, au moins dans une certaine mesure, constituer, ce que l'on appelle « l'état réfractaire », nos efforts ne pourraient qu'être aidés dans le sens de la réalisation de l'immunité, telle qu'elle se montre naturellement contre certains germes.

Dans cette voie, je crois pouvoir me permettre de rappeler que j'ai tenté quelques modestes efforts, en montrant que certains composés azotés, dont la proportion est assez abondante chez l'arthritique, possèdent une action intéressante sur le germe tuberculeux, puisque l'urée en particulier, additionnée même à faible dose aux bouillons de cultures de ce germe, arrête son développement.

Peut-on se croire autorisé à penser que, de ce côté, il puisse y avoir un facteur de la résistance relative, que l'arthritique présente aux manifestations de la tuberculose ? nous ne voudrions assurément pas l'affirmer, mais il y a là un champ ouvert à des recherches intéressantes.

Quel que soit d'ailleurs le point de départ de cet antagonisme entre ces deux diathèses, on ne peut nier que l'observation clinique vient, dans bien des circonstances, nous en démontrer la réalité.

Lorsque nous voyons se présenter à notre examen toute une classe de sujets dits à nutrition retardante, les rhumatisants, les obèses vrais en particulier et, d'une façon générale, tous ceux qui, par une manifestation bien déterminée, peuvent être rattachés à la grande famille des arthritiques, il ne nous vient pas, au moins à première vue, l'idée de penser à la tuberculose ; et lorsque nous en constatons l'existence, même dans les cas de localisations pulmonaires, nous la voyons très souvent affecter chez eux, une marche plus lente, chronique, et révélant une sorte de tendance naturelle vers la guérison. Sans doute, cette résistance particulière peut être annihilée, et nous savons bien que le germe tuberculeux possède parfois une virulence si accusée et, d'un autre côté, que l'organisme, même le plus résistant, peut subir tant de causes de dépression et d'affaiblissement, que le processus infectieux peut, malgré tout, suivre un cours irrémédiable ; mais il faut à nos yeux un concours particulier de circonstances, pour que de tels résultats s'observent chez l'arthritique, et pour que l'immunité, au moins relative, dont il jouit, soit définitivement vaincue.

Mais, si toutes ces observations, tous ces faits cliniques ne pouvaient suffire à entraîner la conviction et à faire admettre la possibilité d'une immunisation antituberculeuse, le doute n'est plus permis, selon nous, maintenant, en présence des données que la science expérimentale vient nous fournir.

Sans revenir aux premières expériences de Grancher, de Richet et Héricourt, la démonstration d'une vaccination antituberculeuse nous paraît être faite et bien établie désormais par les travaux de Behring. Les résultats obtenus par ce savant dans la vaccination des bovidés, et contrôlés par les expérimentateurs les plus autorisés, ne démontrent-ils pas que, sur ce terrain même, le principe de la vaccination par les virus atténués, trouve une application certaine ?

L'immunisation obtenue chez cette classe d'animaux, peut être reconnue vraiment comme réelle, et si, à la vérité, il demeure peut-être encore quelques aléas, pour la mise au point définitive de cette découverte, on ne peut nier que les résultats qu'elle permet d'obtenir, démontrent que l'application du principe de la vaccination par les virus atténués à la tuberculose peut être considérée désormais comme possible.

Nous nous permettons même d'ajouter que les résultats de nos expériences personnelles entraînent entièrement, à ce point de vue, notre conviction. La résistance que nous conférons par notre méthode à nos animaux, est telle qu'elle nous fournit un argument puissant pour admettre définitivement la possibilité de la réalisation d'une immunisation véritable. Mais, même les résultats obtenus dans une autre voie, par les expérimenlateurs qui ont tenté de produire l'immunisation antituberculeuse par l'emploi des poisons, des toxines du bacille de Koch, pour être, à nos yeux, un peu moins sûrs, n'en fournissent pas moins également la même démonstration. Les expériences de Maragliano en particulier, et aussi de MM. Lannelongue et Achard sont bien de nature à appuyer cette assertion, puisque les propriétés observées dans les sérums qu'ils composent accusent également une action marquée dans le même sens.

IV

Maintenant que par les considérations qui précèdent nous pensons avoir établi que l'immunisation antituberculeuse doit être regardée comme possible et que, pour la réaliser, deux méthodes s'inspirant de procédés différents sont en présence, nous devons examiner celle qui, dans l'état actuel de nos connaissances, semble devoir conduire le plus sûrement à la découverte du remède spécifique. C'est là le dernier point que nous nous réservons d'étudier.

Dans la première de ces méthodes, on s'efforce d'immuniser l'organisme par l'emploi direct du bacille modifié ou de ses toxines (vaccination et toxinothérapie) ; dans la seconde, on cherche à amener la production d'un sérum préparé suivant les procédés employés ordinairement dans ce but (sérothérapie) ; en d'autres termes et suivant l'expression d'Erlich : « L'une de ces méthodes cherche à produire l'immunité active, l'autre l'immunité passive ».

L'examen critique de ces deux méthodes est maintenant plus facile puisque, à l'heure actuelle, nous possédons un assez grand nombre de matériaux, résumant les résultats obtenus par l'application de l'une ou de l'autre, et que l'étude du bacille même de la tuberculose, de sa structure, de sa biologie et aussi de ses propriétés toxiques a été poussée assez loin. Nous connaissons également bien ses réactions sur l'organisme et si, à la vérité, il subsiste encore quelques lacunes sur le mode d'action intime des poisons qu'il secrète, des travaux importants ont été cependant produits sur ce point.

Les recherches de MM. Auclair, Delille et Rodiguer sont venus nous fournir des données très précieuses sur l'action de ces poisons.

Tous ces faits joints à ceux que la clinique et l'anatomie pathologique nous enseignent permettent maintenant de serrer de plus près l'étude de la pathogénie et de l'évolution de l'infection tuberculeuse et, partant, du mode suivant lequel l'immunisation pourra être réalisée.

Examinons donc, sous le jour de ces diverses connaissances, la valeur des deux méthodes qui semblent, à l'heure actuelle, se disputer l'honneur de résoudre le grand problème de l'immunisation contre la tuberculose.

Nous ne voudrions pas, d'abord, avoir l'air de faire ici le procès de la sérothérapie antituberculeuse et dans une question aussi grave, il convient de se garder d'un jugement trop hâtif sur une méthode dont l'application, peut-être, deviendra féconde.

Cependant, nous estimons qu'en étudiant les divers travaux produits de ce côté, il est permis de dire que la sérothérapie appliquée à la tuberculose est loin d'avoir donné des résultats vraiment concluants.

Si, à la vérité, par l'injection de toxines de diverses natures, on est parvenu à conférer au sérum des animaux un pouvoir antitoxique manifeste et à le rendre bactéricide, ce sérum n'a pas montré, dans le traitement de la tuberculose, des propriétés assez marquées pour pouvoir être considéré jusqu'ici comme le remède vraiment spécifique.

Quant à nous, nous nous souvenons de nos expériences poursuivies dans cette voie de 1895 à 1897, et des résultats plutôt incertains que nous donnait un sérum, obtenu cependant par l'injection longtemps continuée de toxines tuberculeuses de divers ordres. Nous nous souvenons aussi d'expériences dans lesquelles l'injection préalable de ces toxines (cultures filtrées et tuberculine) même à doses massives, non seulement ne parvenait pas à préserver le cobaye, mais semblait le rendre encore plus sensible à l'inoculation du virus tuberculeux ; et nous ne pouvons, malgré les effets certainement favorables observés particulièrement, entre les mains de M. Maragliano, au moyen d'un sérum plus judicieusement préparé, souscrire sans réserve à l'action pour ainsi dire décisive de ce sérum et le considérer comme un spécifique définitivement acquis à la science.

Est-il possible, maintenant, de formuler un jugement différent sur les méthodes basées sur l'emploi des toxines pour produire l'immunité active. La longue série des efforts énumérés plus haut et les résultats obtenus dans l'application de ces divers composés, depuis la tuberculine de Koch, jusqu'à celles qui ont été présentées plus récemment, suffisent à démontrer qu'aucune de ces méthodes, si l'on excepte, bien entendu, la vaccination par les bacilles atténués, dont nous reparlerons en terminant ce travail, ne peut être considérée non plus comme d'un emploi décisif?

C'est qu'en effet, si les bases de l'immunisation sont, à l'heure actuelle, bien établies et que la thérapeutique spécifique des maladies infectieuses relève, dans son ensemble, de règles générales bien tracées, il n'en est pas moins vrai que chacune de ces maladies emprunte au germe d'où elle émane des caractères si spéciaux, non seulement au point de vue de son développement, mais encore de sa guérison naturelle ou artificielle, qu'il serait certainement vain d'espérer pouvoir appliquer nécessairement au traitement de chacune d'elles une méthode d'immunisation identiquement semblable à celle que nous appliquons à l'autre.

Tout ce que nous savons sur le germe tuberculeux nous indique que la voie qui doit être suivie pour découvrir le remède qui doit s'opposer à son action d'une façon vraiment spécifique, doit s'inspirer de méthodes spéciales et découlant pour ainsi dire directement de la nature et de la physionomie si particulière de ce germe. C'est l'étude même de cette action et du mode suivant lequel l'organisme réagit contre elle qui, seule, nous fournira les indications qui conduiront sûrement à la découverte.

Or, nous savons que, dans l'étude de toute maladie microbienne, il convient de faire deux parts, celle qui revient au microbe et celle qui relève des substances toxiques qu'il sécrète.

Dans bon nombre de cas, cette dernière est prépondérante. Ainsi, lorsque, par exemple, nous composons un sérum contre la diphtérie et le tétanos nous nous efforçons de le produire en injectant à l'animal les toxines les plus actives, afin de provoquer dans son organisme une réaction antitoxique en rapport avec la haute toxicité des produits solubles qu'il aura reçus.

Dans ces deux maladies, en effet, l'infection, dans le sens propre du mot, joue plutôt un rôle secondaire et cède le pas à l'intoxication, en particulier dans le tétanos, où il suffit parfois d'un si petit nombre de bacilles pour déterminer les phénomènes toxiques.

Comment pourrait-il venir à l'esprit, d'opérer ici un rapprochement avec ce qui s'observe en particulier, dans certaines formes de tuberculose pulmonaire, dans lesquelles un nombre incalculable de bacilles entrent en jeu, sans que les phénomènes d'intoxication paraissent être en rapport avec le nombre de ces germes.

Assurément, la sécrétion et le passage dans l'organisme des produits solubles, des poisons du bacille de Koch, sont évidents : nous-même, nous en avons, en 1899, démontré l'existence dans les urines des tuberculeux, et aussi en 1901, dans le lait des vaches atteintes de tuberculose[1] ; on ne peut donc nier qu'il puisse se produire ainsi une sorte d'imprégnation de l'organisme par ces produits.

Mais les effets qu'amène chez l'animal sain l'injection de ces poisons, même lorsque ceux-ci sont obtenus par l'emploi de cultures très toxiques, et par des procédés d'extraction les mieux imaginés, ont une action dont l'intensité ne peut encore être comparée à celle des toxines que nous venons de citer plus haut.

Pour parler, par exemple, d'abord de la tuberculine, ainsi que le constate Strauss, dans son *Traité de la Tuberculose* :

« On peut injecter sous la peau d'un cobaye sain 2 centimètres cubes et au delà de tuberculine non diluée, sans déterminer de phénomènes appréciables[2] et, chez l'homme adulte, il faut 25 centigrammes de cette substance pour produire une action intense. »

Sans doute, chez le tuberculeux, l'injection de ce composé possède une activité considérable et il suffit de doses infinitésimales pour amener une réaction des plus vives, mais il convient de remarquer qu'il s'agit, en réalité, dans ce cas, de l'injection d'un extrait préparé par une concentration élevée de toxines, forme sous laquelle celles-ci ne se trouvent naturellement pas dans l'organisme.

La même remarque pourrait être, selon nous, légitimement appliquée à la tuberculine TDr.

---

[1] Dans une communication faite récemment au Congrès de Lisbonne, nous montrons de même, en collaboration avec MM. les Dr Guillemet et Fortineau et M. Patron, l'existence de ces mêmes poisons dans le lait des femmes tuberculeuses.

[2] Nous avons nous-même, en 1895, noté l'exactitude de cette observation.

Même cette substance soluble TV, sur laquelle Behring a donné quelques indications, au dernier Congrès de Paris, et qu'il extrait des bacilles par lavage à l'eau distillée, nous paraît échapper à un tel rapprochement.

Cette substance est certainement éminemment toxique, ainsi que nous avons pu nous en assurer, puisqu'à la dose de 1 gramme, à l'état sec, elle a, d'après le savant allemand, une activité plus puissante que 1 litre de tuberculine ; mais nous ferons observer qu'il faut nécessairement un volume assez considérable de ce produit de lavage, pour obtenir 1 gramme en poids sec et, dans ces conditions, les termes de cette comparaison ne nous semblent pas devoir être acceptés sans réserve.

Nous sommes donc amené à penser qu'à l'état sous lequel elles s'observent dans l'organisme, les toxines du bacille de Koch empruntent des caractères tout spéciaux au pouvoir toxique relativement plus limité qu'elles possèdent et nous ajouterons aussi à leur mode d'action sur les cellules.

Les excellents travaux d'Auclair et de ses élèves sont, d'ailleurs, venus nous fournir des données importantes sur ce mode d'action. Grâce à ces recherches, nous savons qu'il est possible de reproduire expérimentalement la double lésion qui constitue le tubercule, c'est-à-dire le processus fibro-caséeux qui en est la caractéristique, par l'injection aux animaux, des poisons retirés du corps des bacilles, au moyen de l'éther et du chloroforme. Les toxines ainsi obtenues (éthérine et chloroformine) ont une action uniquement locale, puisque l'état des animaux injectés, surtout en dehors de la voie sanguine, est très peu influencé. C'est ce qui a permis à Auclair de dire que : « si l'on en excepte la méningite tuberculeuse, la tuberculose est, avant tout, une maladie d'intoxication locale et tue, le plus souvent, par des lésions tributaires, des poisons locaux du bacille de Koch. »

Mais c'est par l'examen des faits que nous livrent la clinique et l'anatomie pathologique que l'on aperçoit mieux encore les différences qui séparent, au point de vue de son mode d'action, le bacille de la tuberculose de la plupart des autres germes connus.

Nous voyons, en effet. le plus souvent, ce germe cantonné au début dans un organe, y localiser plutôt que généraliser ses effets. Aucun exemple n'est plus frappant, sous ce rapport, que celui que l'on peut tirer de toute la série des tuberculoses chirurgicales (tuberculoses articulaires, ganglionnaires, abcès froids), dans lesquelles le bacille semble demeurer à l'état isolé, et pour ainsi dire sommeiller, sans dommages, au moins immédiatement, manifestes pour l'organisme. Nous ne voudrions pas faire ici d'assimilation aventureuse, mais il semble que, dans certains cas de ce genre, par ses effets plutôt torpides et d'ordre purement local, le bacille possède une action un peu comparable à celle du germe de l'actinomycose.

Sans doute, dans la tuberculose pulmonaire, nous observons une forme aiguë de l'infection, la forme granulique, dans laquelle la généralisation du germe se fait parfois avec une extrême rapidité et les symptômes réactionnels sont alors des plus vifs ; mais, même dans ces cas, ne conviendrait-il pas de faire la part des infections secondaires, des associations, comme l'on dit, et de se demander si celles-ci ne contribuent pas puissamment à faciliter cette généralisation, si même elles ne la provoquent pas seules ; et pourrait-on affirmer d'une façon absolue que, dans ces cas, la fièvré et les autres phénomènes qui caractérisent l'intoxication ne relèvent pas, pour la plus grande part, et peut-être exclusivement, de ces associations[1]?

Combien de fois, dans les cas de tuberculose pulmonaire apyrétique ne demeure-t-on pas surpris de l'étendue considérable que présentent les lésions, sans que pour cela les sujets, chez lesquels elles s'observent, en paraissent toujours fortement atteints?

« Tous les phtisiologues, dit Auclair, ont été frappés, à l'examen de certains tuberculeux, de constater parfois l'énorme étendue des lésions pulmonaires alliées à un certain état général des plus satisfaisants et cela sans traitement antérieur. »

Chacun de nous a présents à l'esprit des cas de ce genre. De même à l'autopsie de certains sujets, que l'on a pu suivre pendant plusieurs années et tenus en observation depuis longtemps pour la première fois, on demeure surpris en présence de lésions qui ont envahi parfois la totalité presque des deux poumons, et l'on ne peut s'empêcher de s'étonner qu'avec de tels désordres les malades aient pu survivre aussi longtemps.

D'ailleurs, ces faits de clinique humaine se retrouvent également et avec la même netteté, dans la série animale, en particulier chez les bovidés, parmi lesquels les animaux les plus gras et de plus belle apparence sont souvent le plus atteints.

Nous avons nous-même à ce sujet, en particulier, un souvenir personnel recueilli au Congrès de la tuberculose, en 1903, pendant lequel le regretté professeur Nocard, lors d'une visite aux abattoirs de Paris, nous rendit, avec nos collègues, témoin d'un fait de ce genre, extrêmement remarquable.

Ces faits si nombreux et d'observation courante, dans lesquels on note un défaut de parallélisme, une dissociation si complète entre la bonne apparence de l'état général et l'étendue des lésions tuberculeuses, se concilient-ils vraiment avec une intoxication profonde et pour ainsi dire *totius substantiæ* de l'organisme par des poisons très actifs, même si l'on admet que dans ces cas le germe tuberculeux puisse affecter un certain affaiblissement de sa virulence et de son activité ?

Si nous pénétrons d'ailleurs davantage dans l'étude de la structure du bacille de Koch de la composition histologique et chimique de sa cellule, si nous examinons avec soin les différentes modalités suivant lesquelles il se comporte, au sein des tissus et aussi comment l'organisme se défend contre lui, nous comprendrons mieux encore les caractères si spéciaux de cette infection, et par cela même nous saisirons mieux aussi l'orientation qui doit guider les tentatives d'immunisation.

L'étude histologique du tubercule, de même que celle des toxines du bacille, semble déjà indiquer que le processsus tuberculeux est d'ordre plutôt local, et que l'envahissement de l'organe se fait pour ainsi dire

---

1 Dans les examens de crachats, que nous faisons couramment et constamment, depuis plus de quinze ans, au Laboratoire, nous pouvons constater que dans les cas de tuberculose torpide, le bacille est presque toujours seul ; c'est tout le contraire lorsque ees crachats nous viennent de tuberculeux non apyrétiques, et, dans ces cas, les associations sont fréquentes. Le staphylocoque doré nous a paru posséder, dans ces cas, un rôle très actif.

progressivement et de proche en proche, par l'attaque lente des territoires cellulaires ainsi infectés, bien plutôt que par des phénomènes d'intoxication générale.

Le mode de production de la granulation tuberculeuse initiale, de cette néoplasie fibro-caséeuse suivant la définition de Grancher, atteste même cette action, de même que la structure du follicule tuberculeux montre bien toute l'intensité de la lutte locale que les cellules ont à soutenir contre ce parasite.

C'est qu'en effet la constitution physique et chimique du bacille de Koch est toute spéciale. Nous savons, d'après les premiers travaux d'Hammerschlag et de Nencki, que sa cellule est protégée par une sorte de carapace de composition complexe, dans laquelle entrent des acides gras, des substances chitineuses, qui opposent à l'action des cellules une barriere puissante. De plus, cette cellule parasitaire, déjà si complexe par sa constitution, renferme en elle-même, en dehors des produits de sécrétion qu'elle peut exhaler pour ainsi dire, au dehors, des protéides, des composés toxiques inhérents à la cellule même, et dont la toxicité, ainsi que Koch le premier l'a démontré et, après lui, Hodenpyl et Prudden et aussi le regretté professeur Strauss, n'est pas détruite par la chaleur au-dessus de 100 degrés ; même après l'action d'une température aussi élevée, les cadavres de ces bacilles sont encore très pathogènes.

Il n'est donc pas surprenant qu'en présence d'un parasite aussi solidement organisé, la réaction cellulaire locale soit des plus vives, et, à ce point de vue, rien de semblable ne s'observe dans les infections dont le germe pathogène n'a en aucune façon une structure cellulaire aussi complexe, et dans lesquelles, par contre, le rôle des toxines sécrétées par ces germes, est avant tout prépondérant, comme, par exemple, le tétanos, la diphtérie, le choléra, et même la fièvre typhoïde.

Aussi, autour du parasite de la tuberculose, voyons-nous s'amasser, en nombre considérable, les cellules phagocytaires, qui témoignent ainsi, par leur amoncellement, de l'effort énorme qu'elles sont obligées d'accomplir localement pour arrêter le germe tuberculeux et annihiler sur place ses effets sur les tissus.

C'est donc, en dernière analyse, vers cet effort local, vers cette lutte bien circonscrite de la cellule contre le microbe que nous devons porter notre attention ; c'est l'étude de ce processus intime de défense cellulaire qui, logiquement, nous fournira l'orientation vers la méthode rationnelle d'immunisation antituberculeuse.

C'est également ici, ainsi que l'a fait remarquer Behring, que les travaux de Metchnikoff viendront nous guider fructueusement dans nos recherches.

Lorsque, par suite d'une chimiotaxie active, les phagocytes ont réussi d'abord a entourer le parasite et à constituer, par la fusion de leur protoplasma et de leurs noyaux, la cellule géante, les premiers effets opérés par les ferments cellulaires (fixateurs, cytases) commencent à s'exercer. Sous l'influence de ces ferments, se manifestent alors les phénomènes de digestion intra-cellulaire, qui amènent comme terme ultime, la désagrégation et une véritable résorption du bacille.

C'est dans ces circonstances que celui-ci semble avoir disparu et que nous le rencontrons si difficilement au sein des masses tuberculeuses.

Ce sont ces phénomènes de résorption qui ont fait dire autrefois à Koch, que dans les faits de ce genre il se développe un véritable processus d'immunisation purement bactérienne, et il convient de ne pas oublier, en se reportant aux théories si bien établies de Metchnikoff, que ce sont précisément ces phénomènes de résorption qui constituent l'essence même de l'immunité. N'est-ce pas là une indication capitale, et qui nous montre d'une façon précise, la méthode qu'il convient de suivre pour réaliser l'immunité artificielle ?

V

De tout ce qui précède, nous pouvons donc conclure que le problème de l'immunisation antituberculeuse est maintenant bien nettement posé.

L'analyse détaillée des faits cliniques et anatomiques, nous montre que dans le processus tuberculeux, l'acte pathologique est plus directement circonscrit dans la lutte locale que la cellule a à soutenir contre le corps microbien, et que celui-ci, tout en sécrétant des poisons qui diffusent au loin, semble renfermer en lui ceux qui possèdent la plus grande activité ; que par conséquent ce processus, tout en empruntant un certain nombre de caractères généraux aux toxines qui agissent à distance, relève surtout de celles qui portent leur action au point même où elles sont déposées par le microbe.

Ceci nous indique donc bien que c'est contre le microbe, contre l'infection que notre effort doit porter avant tout, et que nous devons nous tourner ici vers un procédé de vaccination, dirigé plutôt contre le microbe que contre les toxines.

C'est du principe de cette vaccination et des méthodes qui y sont employées, que nous devons nous inspirer dans la recherche d'un procédé d'immunisation applicable au virus tuberculeux.

Telle est la déduction logique qui nous semble se dégager d'elle-même de cette première classe d'arguments.

En établissant du reste dès l'abord cette constatation nous ne faisons que rentrer pour le cas particulier de la tuberculose, dans les règles générales que Metchnikoff a magistralement tracées dans son beau *Traité de l'immunité.*

« Dans l'immunité naturelle ou acquise, dit ce Maître, c'est la résistance contre les microbes qui joue le rôle principal. Dans les conditions naturelles, c'est contre la pénétration des microbes qu'il faut préserver l'organisme. Une fois que ces producteurs de poisons ne peuvent plus se maintenir dans l'organisme immunisé, leurs sécrétions toxiques, n'entrent naturellement pas en jeu. »

On peut objecter, sans doute, que si l'on s'inspire de cette donnée, le remède ainsi obtenu sera plutôt préventif que curatif ; mais, qui pourrait affirmer qu'un tel remède, portant d'une façon aussi élective son action sur les cellules et les prémunissant, en quelque sorte avant la lettre, de l'infection, ne saurait posséder d'action également spécifique contre une infection tuberculeuse en voie d'évolution ?

Contre une maladie, dans laquelle, ainsi que les faits d'observation semblent le démontrer, le processus infectieux joue un rôle prépondérant à côté du processus toxique, l'emploi d'un principe uniquement antitoxique apparaît certainement comme moins rationnel.

« Dans la guérison des maladies toxi-infectieuses, dit Metchnikoff, les antitoxines ont acquis une très grande importance, car il s'agit dans ce cas, de paralyser l'action des toxines déjà produites par le microbe et absorbées par l'organisme malade.

« Mais leur rôle est moindre dans la prévention contre les maladies dans lesquelles le but à atteindre, consiste à réagir contre les microbes, avant que ceux-ci aient pu inonder l'organisme de leurs sécrétions toxiques. C'est pour cela que l'immunité contre les toxines doit occuper dans l'étude de l'immunité une place moins prépondérante que celle contre des microbes. »

Il n'est à nos yeux aucune maladie à laquelle puisse mieux s'appliquer cette remarque, que la tuberculose, puisque dans son évolution, ainsi qu'il ressort de ce qui précède, c'est le microbe bien plus que ses toxines qui domine la scène pathologique.

L'étude des faits expérimentaux vient encore corroborer cette conclusion.

Soit que nous nous tournions vers les résultats obtenus dans la recherche de l'immunisation par l'emploi direct des toxines extraites des cultures ou du bacille lui-même, soit que nous observions ceux que la sérothérapie a jusqu'ici enregistrés, sans dénier aux tentatives opérées sur l'un ou l'autre de ces deux champs de recherches, une part de succès, nous nous croyons autorisé à considérer les résultats acquis comme seulement relatifs.

En dernière analyse un fait se dégage de cette longue série de recherches et d'efforts laborieux, c'est que les seuls effets vraiment manifestes, et pour ainsi dire indiscutables, qui aient été jusqu'ici notés dans ces tentatives d'immunisation appartiennent selon nous, sans conteste, aux méthodes qui se sont inspirées du principe de la vaccination par les virus atténués, et qui, pour lutter contre le germe tuberculeux, ont utilisé directement les « Corps bacillaires ».

Tout en rappelant de nouveau les expériences anciennes de Grancher et d'Héricourt et Richet qui manifestaient déjà une orientation nouvelle et féconde, dans cette voie, nous puisons une foi profonde dans l'avenir de l'application de cette méthode à la tuberculose, dans les résultats observés par les expérimentateurs qui se sont inspirés de cette idée, et en particulier de ceux qu'a permis d'obtenir la vaccination suivant le procédé de Behring appliqué aux bovidés et qui ont été constatés par plusieurs maîtres.

Qu'il nous soit permis également d'ajouter que les faits notés dans nos propres recherches sont de nature à entraîner également notre conviction.

Dans ces expériences poursuivies avec M. le Dr Blaizot et M. Soubrane, c'est le même principe général de la vaccination qui nous a guidé : chercher à déterminer chez un organisme sensible, une première atteinte de la maladie, aussi faible et aussi bénigne que possible, mais cependant suffisante pour qu'il puisse acquérir ainsi une résistance au virus, pour une période plus ou moins longue.

Jusqu'à ce jour et en faisant naturellement encore les réserves que comporte une aussi grave question, ces expériences semblent montrer que le principe général de la vaccination trouvera peut-être ici une application, comme dans d'autres infections, où il manifeste de si heureuses conséquences.

En injectant au chien, par voie intra-veineuse, d'abord des doses initiales extrêmement faibles (o gr. 0004) de bacilles humains desséchés dans le vide, puis en augmentant progressivement ces doses et en espaçant les injections à des intervalles d'un à deux mois, pendant un temps qui varie entre un an à dix-huit mois ou plus, on parvient à injecter ainsi à l'animal, des doses de plus en plus élevées et jusqu'à 1 et 2 centigrammes de ce virus atténué.

On confère de la sorte au chien une résistance vraiment remarquable, qui lui permet de supporter pendant un long temps l'inoculation intra-veineuse à doses massives (2, 3 et jusqu'à 10 centigrammes de voile en poids sec) de virus en pleine activité, inoculation à laquelle succombent les témoins dans des délais parfois extrêmement courts et avec toutes les lésions de la tuberculose miliaire aiguë et généralisée.

Après environ un an, les animaux ainsi traités conservent encore la même apparence de santé et un état général aussi bon qu'avant l'expérience et la survie ainsi obtenue est remarquable.

Il semble que dans ces expériences, en opérant à intervalles espacés, et par la voie intra-veineuse, la diffusion dans l'organisme des bacilles modifiés, on parvient par une sorte d'éducation cellulaire, à développer chez les cellules une sensibilité chimiotactique plus active et à accroître l'action des ferments diastasiques, sous l'influence desquels s'opère la désagrégation et la résorption des bacilles.

Il nous paraît difficile en présence de ces faits, et quelques réserves qu'il convienne de formuler sur l'issue définitive de ces expérience, de ne pas admettre ici l'existence d'un principe qui communique aux cellules phagocytaires des propriétés nouvelles et leur permet de résister au moins pendant un plus long temps à l'action des bacilles.

Dans ces tentatives de vaccination, on s'efforce de développer non plus seulement un processus de défense purement anatomique, par production de tissu scléreux ou autre, mais bien une réaction, en quelque sorte vivante, sous l'influence d'un principe nouveau, enzyme ou ferment diastasique, élaboré par les cellules, qui les métamorphose, et les rend réfractaires au processus infectieux. Et ce sont bien là les caractères que nous reconnaissons à l'immunité active.

Mais, ainsi que l'a fait observer Behring, à propos de la vaccination des bovidés, de telles méthodes ne peuvent être appliquées directement et sans modifications à l'homme, et l'on ne peut chercher à imposer à l'organisme humain une tâche aussi périlleuse ; ces méthodes comportent évidemment une trop grande part d'aléas et de dangers et nul ne consentirait à avoir la témérité d'opérer de telles tentatives, malgré les chances de succès qu'elles présenteraient.

Mais, si l'application directe de ces procédés de vaccination est naturellement interdite, on peut du moins tenter de les réaliser indirectement. Il est rationnel, en effet, de penser que la propriété vaccinale qui confère à l'animal traité une résistance aussi grande à l'infection tuberculeuse expérimentale, peut être retrouvée dans l'organisme du vacciné, en être extraite et transmise ainsi à d'autres organismes.

C'est dans ce sens que nous avons tenté un certain nombre de recherches, en étudiant, avec la collaboration de M. Ligouzat, d'abord les propriétés du sérum des animaux vaccinés.

Mais, malgré la somme relativement élevée de corps bacillaires injectés, ce sérum ne nous a pas paru posséder de propriétés actives.

Ce résultat nous a conduit à penser que le principe vaccinal réside bien plutôt dans les cellules mêmes des organes, que dans les humeurs de l'organisme, et que c'est par conséquent de ces organes mêmes qu'il faut tenter de l'extraire, pour l'appliquer ensuite au traitement spécifique.

Pour parvenir à ce but, différents modes de préparation peuvent être utilisés, en s'inspirant de ceux qui sont employés dans la méthode dite des extraits organiques, dont l'application n'est pas sans rendre des services dans un assez grand nombre d'affections.

Par l'emploi de ces méthodes et en faisant appel à des procédés particuliers, on peut entrevoir la possibilité de transporter la substance vaccinale ainsi obtenue, dans l'organisme humain, sans aucun danger.

Cette préoccupation d'éviter avant tout, l'utilisation directe des bacilles, même modifiés, pour amener dans l'organisme humain les phénomènes de vaccination et d'immunisation, et d'écarter ainsi les dangers qu'une telle méthode peut faire courir, est surtout évidente dans les derniers travaux de Behring, et la série des efforts qu'il a tentés dans ce but montre toute l'ingéniosité des recherches de ce savant.

Puisque les phénomènes de résorption dominent ici le processus d'immunisation, et président en quelque sorte à la genèse des anticorps, il est indiqué d'aider autant que possible le travail que les cellules ont à accomplir pour opérer ce phénomène, et, dans ces conditions, le problème revient à dépouiller suffisamment les bacilles des substances toxiques ou autres qui les protègent, et paralysent l'action des cellules, pour que celles-ci ne puissent être vaincues dans la lutte qu'elles ont à soutenir, tout en laissant cependant à l'organisme pathogène, suffisamment d'action toxique pour que la réaction antitoxique puisse être produite par les ferments cellulaires (cytases ou autres).

Il semble bien, que ce soit là l'idée directrice qui a présidé aux dernières recherches de Behring, mais, il est juste de reconnaître, dans une étude où l'on doit s'efforcer de mettre au point les différents travaux examinés, que Koch, autrefois, s'était inspiré de la même idée quand il s'ingéniait à faciliter la résorption des bacilles, en les traitant au préalable par différents réactifs et, en particulier, par les acides minéraux dilués. « Mais, dit-il, tout en parvenant ainsi à modifier à ce point les bacilles tuberculeux, qu'ils pouvaient être résorbés en totalité, dans le tissu cellulaire, et cela en grande quantité, je n'obtins pas de cette façon de tendance à l'immunité, et il est probable que l'influence de ces réactifs chimiques, exerce sur la substance des bacilles de trop grandes modifications pour que les propriétés immunisantes ne soient pas détruites. »

On sait comment Behring a cherché à tourner cette difficulté et comment l'élève, s'inspirant de la pensée du maître, semble maintenant toucher au but.

Abandonnant l'emploi de composés susceptibles d'agir trop violemment sur le bacille et de détruire, du même coup, les corps bacillaires dont il veut ménager l'activité, Behring fait appel à des substances qui, tout en dépouillant le bacille, de ses enveloppes et de quelques-unes seulement de ses toxines, lui permettent cependant encore de conserver même certaines propriétés pathogènes. Puis, pénétrant davantage dans le phénomène intime du processus vaccinal, il modifie plus loin le bacille, et lui fait perdre ses dernières propriétés, sans détruire en lui le principe actif et il parvient enfin à le transformer en une substance, TC, directement résorbable par les cellules. et qui détermine en elles, et comme terme ultime, la production de la substance vaccinante, TX.

Depuis la communication du savant professeur de Marbourg, nous avons cherché à reproduire la méthode dont il a donné la clef, à la vérité d'une façon discrète, et nous avons pu nous convaincre de la rigueur qui doit présider à la préparation de ces différentes substances.

En présence d'un germe aussi tenace et aussi bien protégé, on ne doit laisser aucune part aux aléas ; il faut que dans toute la série des traitements ou lavages qu'on doit appliquer aux bacilles (eau distillée, solution alcaline, alcool, éther et chloroforme), aucun organisme ne puisse échapper dans la masse à l'action de ces différents réactifs, et par conséquent parvenir avec sa virulence au terme de ces opérations.

Cette méthode est donc extrêmement délicate; aussi, Behring, même après avoir transformé ultérieurement le bacille en une substance amorphe, par des préparations dont il ne livre pas la formule, ne consent-il pas encore à confier directement à l'organisme la tâche d'élaborer cette substance et de la transformer en vaccin.

C'est en dehors de l'organisme, *in vitro*, que cette métamorphose s'opère et il est permis de penser que, dans ce but, il utilise la propriété que possèdent les leucocytes, d'accomplir leurs fonctions phagocytaires, même en dehors de leur milieu naturel.

Un certain nombre d'expériences publiées dans ces dernières années, semblent indiquer, en effet, qu'un tel résultat peut être atteint. M. Metchnikoff a fait voir, par exemple, qu'il était possible de faire digérer *in vitro*, des hématies d'oie, au moyen d'extraits de macrophages, obtenus en laissant macérer dans l'eau physiologique des organes très riches en leucocytes mononucléaires. Dans ces conditions, les phénomènes de phagocytose s'accomplissent en dehors de l'organisme, et ces extraits digèrent les hématies, sans toutefois que le phénomène soit poussé aussi loin, parce qu'il est difficile d'obtenir, dans l'eau physiologique, toutes les sécrétions des cellules.

Plus récemment, Löhlein, de Leipzig, dans un travail fait au laboratoire de M. Metchnickoff, a entrepris des expériences semblables et a démontré, en s'adressant, non plus à des éléments de l'organisme, mais à plusieurs espèces bactériennes, qu'il était possible d'observer sur ces espèces, les phénomènes phagocytaires, en utilisant les leucocytes extraits du péritoine du cobaye, par l'injection et l'extraction répétées de bouillon dans la cavité péritonéale. Les expériences ont porté sur le staphylocoque doré, le streptocoque, la bactéridie de Davaine, etc ..

En employant ce procédé, nous nous sommes assuré dans une expérience que tout au moins l'englobement du bacille de Koch après la modification par le chloroforme (Rest bacillus) peut également s'observer *in vitro*.

Il est possible que la préparation de la substance, appelée par Behring

TX, ou tuberculase, qu'il considère comme le remède spécifique, s'obtienne au moyen d'une méthode basée sur ce principe.

Ainsi que ce savant l'a annoncé au dernier Congrès international, des essais sur l'application de cette substance sont confiés à plusieurs cliniciens, et il est à croire que les expériences en cours ne tarderont pas à fixer définitivement l'opinion sur la valeur de ce composé au double point de vue préventif et thérapeutique.

VI

Dans cette étude, que nous aurions désiré rendre plus succincte, mais qui emprunte son étendue à l'importance même du sujet qu'elle traite, nous nous sommes efforcé de mettre au point, aussi exactement que possible, cette question de l'immunisation contre la tubereulose, telle qu'elle se présente au moment où nous écrivons ces lignes (mai 1906). Désormais, grâce aux immenses efforts accomplis de tous côtés dans cette direction, il est enfin possible d'espérer que nous touchons à la solution de ce grand problème.

Nous sommes loin maintenant de cette période de début où tant d'obscurités planaient sur la tuberculose. Successivement, à partir de la découverte de Villemin, sont venues s'éclairer peu à peu l'étiologie, la pathogénie, l'anatomie pathologique et la bactériologie de cette maladie, et grâce aux connaissances que cette partie de la science, pourtant si récemment édifiée, est venue nous révéler, nous pouvons maintenant concevoir l'espoir que la dernière partie du problème, la vaccination et la guérison de cette maladie, ne tarderont pas à être définitivement acquises à la science.

A quelle méthode devrons-nous plus spécialement d'être redevables de cet immense résultat : il convient encore de ne rien préjuger complètement. Toutefois, en étudiant strictement les faits, ainsi que nous nous y sommes efforcé, on est amené à reconnaître que le principe de la vaccination antituberculeuse, tel qu'il peut être appliqué à certaines espèces animales, constitue, à l'heure actuelle, la base et le point de départ les plus sûrs pour l'obtention d'une méthode applicable à l'homme.

Mais cette conclusion n'infirme nullement, à nos yeux, les résultats que l'on peut attendre également de la sérothérapie.

Pour lutter contre une infection si complexe, et contre laquelle la réaction naturelle de l'organisme demeure si souvent en défaut, nul ne peut dire qu'il n'y aura pas lieu de faire appel à toutes les ressources que la science nouvelle mettra à notre disposition.

Un avenir sans doute peu éloigné maintenant fixera, d'ailleurs, notre jugement sur ces points encore nécessairement réservés.

C'est un spectacle consolant, lorsqu'en se retournant vers le chemin parcouru, on se rend compte du nombre énorme de travaux produits sur cette question, et de la somme d'efforts accomplis par des observateurs isolés sans doute, mais, cependant, tous réunis dans la même communion de pensée et d'espoirs vers un but bien fait pour animer leurs légitimes ambitions.

Tandis que sur un autre terrain s'accomplissait la lutte contre la tuberculose, sous l'impulsion d'un généreux élan de solidarité sociale, qui a entraîné les nations elles-mêmes et les a amenées à s'unir pour combattre le même ennemi, l'œuvre scientifique s'est poursuivie lentement et patiemment dans les laboratoires, chacun cherchant à apporter sa part à l'œuvre commune.

Sans doute, un nom se détachera au milieu de tous et sera plus intimement lié à la découverte, mais pour celle-ci, plus encore peut-être que pour d'autres, ainsi que l'un de nos maîtres nous le faisait naguère observer, il sera difficile de dire qu'on pourra la considérer uniquement comme l'œuvre d'un seul. Behring ne s'est-il pas plu lui-même à rappeler l'importance que les travaux de Metchnikoff avaient eue dans la direction de ses propres recherches?

Aussi, pour formuler sur cette découverte un jugement vraiment équitable conviendra-t-il de ne pas oublier beaucoup d'autres travaux, et cet immense concours d'efforts qui en auront préparé l'origine.

Mais lorsque pour juger de la valeur du résultat ainsi obtenu, on se retournera vers les pertes et les deuils que chaque jour et en tous pays, le fléau de la tuberculose inflige à l'homme, on pourra mesurer en même temps le tribut de reconnaissance qui sera dû à l'homme de génie, qui aura eu l'honneur, par cette découverte, d'attacher définitivement son nom à l'un des plus grands services rendus à l'humanité.